„Wie werde ich ein Erden-Engel"

[„How to become an Earth-Angel"]

Von

©Clarissa M. Seite

[Englische Ausgabe ab November 2015]

Übersetzung durch:

Frau Christina Murphy

Wolfratshausen / München

!Herzliches Dankeschön!

Blog: ClarissaSeite.Tumblr.Com

www.theralupa.de

www.heil-verzeichnis.de

„Wie werde ich ein Erden-Engel"

Liebe Menschen, Freunde und Bekannte … Liebe Kinder….Liebe Wesen aller Art!

Eigentlich ist es ganz einfach ein Erdenengel zu werden! Jetzt fragt ihr euch ja wie, einfach?

<u>Es geht ganz einfach und so ist es auch:</u>

Öffne dein Herz und lasse die Liebe in dein Herz; Atme durch und stelle dir vor, dass all die Engel - Erden-Engel – höhere Engel – Cherubin - Erzengel – und dein Schutzengel sich, wie auch immer sie heißen mögen, mit hellem fast goldenem Licht um dich herum sind.

Jeder hält die Hand des anderen und bildet somit einen Kreis der Liebe und des Lichts.

Natürlicher Kreislauf

Und Du, du (Kind Gottes) bist mitten drin im Strahl der Energie und leuchtest mit jedem Atemzug mehr!

Alle Engel auf der ganzen Welt und im gesamten Universum (und das ist wirklich groß und wie immer gern gesagt (Startreck-;)) unendliche Weiten, ereilen zu Dir und versammeln sich in großen Scharren, wann auch immer du das willst und die Unterstützung für bestimmte Aktionen aus deinem Herzen heraus benötigst.

Hole tief Luft! Jetzt!

Jetzt fragst du Dich ganz bestimmt und jetzt, wie werde ich ein Erdenengel, was muss ich tun um gut genug zu sein. Nach welchen Kriterien werde ich beurteilt und als gut bewertet.

Sei einfach du selbst!

Lebe aus deinem Herzen und handel jeden Tag nach gutem Gewissen.

Gehe durch die Welt mit offenen Augen und strahle „ Licht & Liebe „ aus.

Wie das geht, ganz einfach:

Erinnerst du dich, als du ein Baby warst und das Licht der Erde in dem Moment als du deinen ersten Schrei von Dir gabst, erstrahlte?

Nein, sagst du wahrscheinlich im ersten Moment deiner Reaktion, aber erinnere (remember) dich daran … nimm dir einen kleinen Augenblick Zeit und gehe in Dich und fühle die Geborgenheit und Liebe die Dir gegeben wurde.

Alle Engel (Himmelswesen aller Art) waren da und haben dich begrüßt und gestreichelt, da du ein Wunder der Natur bist. Alle hießen dich willkommen auf der Erde – Du – Erdenankömmling aus dem Universum, aus der Schöpferenergie von oben.

Deine leibliche Mutter, dein Vater oder wer auch immer anwesend war, haben dich im wahrsten Sinne angestrahlt und liebkost.

- **Glaube!**
- **Lebe!**
- **Liebe!**
- **Lache!**

Bringe das Licht in dein Umfeld zurück und sei „fröhlich und glücklich" dabei dies tun zu können. Denn das ist der wesentliche Auftrag eines Erdenengels!

Spiele jeden Tag ein bisschen mehr mit deiner fröhlichen und ausgelassenen Energie und erhöhe dadurch die „Frequenz der Heilung" in dir und um dich herum.

Du wirst wahrlich dafür belohnt werden, eine Belohnung von unendlichem Wert für Dich und der ganzen Mutter Erde.

Seelenfrieden!

Seelenfrieden sagst du, das ist was für die verstorbenen in dieser Welt, die von uns bereits gegangen sind… was interessiert mich das, fragst du dich eventuell!?

Ja, dass mag schon sein, aber genau darum geht es in erster Linie. Seelenfrieden ist das, was du als Individuum immer mit dir mitnimmst, egal wo und wann du in Erscheinung trittst.

In diesem Leben oder vielleicht im nächsten, darauffolgendem Leben oder wann auch immer deine Seele dazu bereit ist.

Du und deine Seele seid Eins im hier und jetzt und ihr begleitet euch auf euren Weg (Der Auftrag) des Seins.

Was bedeutet das nun für dich im Einzelnen?

Nun, lebe deinen Auftrag, spüre in Dich hinein und frage dein Herz voller Demut, was dein Auftrag hier auf Erden ist.

Gerade jetzt in dieser Zeit der <u>hohen Schwingungsebene</u> und der Öffnung in die 5. Dimension oder was auch immer (Wassermannzeitalter) das ist. Viel wichtiger ist es, sich zu besinnen und als „Wesen des Lichts" hier auf Erden Gutes und viel Liebe in die Welt und zu den Menschen durch dein tägliches Tun zu tragen und zu wirken.

- **SEIN**
- **Wesen des Lichts**
- **Erdenengel**

All die Besitztümer die wir denken dass wichtig für uns sind, sind in Wirklichkeit nur ein Schein, ein Trugschluss hier die Erfüllung finden zu wollen.

Das Universum wünscht sich für uns natürlich „Alle Reichtümer dieser Erde" aber mit bedacht und vielmehr im Finden von:

- **Gefühl**
- **Miteinander**
- **Dasein**
- **Füreinander**
- **Lieben**

Die Liebe als die höchste Kraft und Energie die wir kennen und fühlen dürfen.

Diese unendliche Liebe, ein Füllhorn an „Reichtum und Glück".

Es wäre schön, wenn wir das als Menschen – als Wesen in uns und mit uns, an jeden der uns begegnet hinaustragen und teilhaben an dieser unendlichen Kraft der Liebe.

Das Ist wirklich ein schöner Gedanke und eine schöne Lebenseinstellung, ein wahres Lebenselixier voller wahrer

Schätze und Reichtümer die wir besitzen, streben und Leben können.

Ein einfaches und doch so machtvolles Instrument „LIEBE".

- **Vertrauen**
- **Rein**
- **Echt**
- **Fühlbar**
- **Gefühle**
- **Strom der Energie**
- **Lebenselixier**

Nehme dir nun ein weißes „Din A 4 Blatt" zur Hand und schreibe deine Gedanken zu diesen o. g. Wörtern für dich auf oder noch besser dein persönliches Notiz- oder Tagebuch.

Du kannst natürlich auch für diesen besonderen Moment, die Gelegenheit nutzen, dir ein wunderschönes Buch mit leeren Blättern extra, für diesen Lebensweg als Erdenengel zu besorgen oder schenken zu lassen.

Wie du es wünscht. Übrigens der Wunsch nach Veränderung bzw. das Fragen nach dem Auftrag / Lebensweg erfordert schon eine gewisse Zeit der Ruhe und Muße… wähle mit Bedacht in deinem Herzen aus.

Atme tief ein und aus

Atme die Liebe und das Licht ein und all den Ballast der Vergangenheit und Gegenwart nun aus!

Atme Sieben mal hinter einander

Ein und Aus

Atme nun:

Liebe - Lebe – Frieden – Herz

Ahhh, jetzt wurde ich auf was ganz wichtiges hingewiesen.

In diesem Sinne ist es auch wirklich wichtig, sich täglich zu reinigen oder wenn es dir in den Sinn kommt, ist das immer ein Hinweis durch deinen inneren Führer, dass du dich reinigen musst.

… oder trinke ein Glas Wasser

<u>Eine höhere Schwingungsebene erfordert Achtsamkeit und Pflege:</u>

Deine Hände oder der Gedanke an sich reichen hierzu auch völlig aus. Gehe mit deinem Bewusstsein dort, je nach Bedarf hin.

Gehe nun gedanklich oder mit den Händen, lege diese auf!

1. Chakra - Wurzelchakra – ROT (Sternum; auf der Höhe zwischen den Beinfalten)
-Flüssiges Lava
Erde – Erdtöne (Schlamm – Schwarz, Stein) – tiefe Töne (Mönche – Zen – E-Moll) Der Sitz der Ur-Kraft / Sexualität

2. Chakra - Sakralchakra – Orange (Steißbein; unterhalb des Bauchnabels) -Obst wie Orange Der Sitz des Ursprungs – Gedeihen- Vermehren - Natur – Basischakra

3. Chakra - Solarplexus – Gelb (Bauchnabel – Sonnengeflecht) -Gewürze wie Safran – Der Sitz der Seele / Intuition

4. Chakra - Herzchakra - Grün (In der Mitte der Brust) -Wälder – Wiesen – Der Sitz der Liebe / Höchste Kraft

5. Chakra - Kehlchakra - Blau (auf der Höhe des Adamsapfel)- Himmel – Luft – Wind Der Sitz des Ausdrucks / Tor des Himmels.

6. Chakra - Stirnschakra – Lila (In der Mitte der Stirn zwischen den Augenbrauen ca. eine Daumenbreite groß) Der Sitz des dritten Auges – Seelenschau – Innenschau – Hellsicht – Ur - Intuition

7. Chakra - Kronenchakra – Violett / Weiß (Auf der Höhe des Kopfscheitel und der Oblongata; Hinterkopf / Mulde zum Nacken)

Das hier o. g. sind die sogenannten sieben „Haupt – Chakren", was so natürlich auch nicht ganz stimmt, da wir vor uns – unter uns – hinter uns und um uns herum weitere Chakren besitzen und benutzen dürfen (unsere Aura / natürliches Schutzfeld / mindestens einen Meter um uns herum) Dazu gibt es mit Sicherheit gute Lektüre zu unseren Chakren und ich möchte euch dies auch an Herz legen diese bei Bedarf und weiterem Interesse zu nutzen.
Was auch wirklich als effektive und als tägliche Anwendung für

Dich als nützlich erscheinen kann sind folgende Übungen:

„Autogenes Training in Kürze"

!Bitte beachten Sie hierzu die S. 123

1. Ruheübung:
„ Ich bin vollkommen ruhig und vollkommen entspannt." (6x)

2. Schwereübung:
„Mein Körper ist angenehm schwer." **(6x)**

3. Wärmeübung:
„Mein Körper ist angenehm warm, strömend (fließend)warm." (6x)

4. Atemübung:
„Ich atme ruhig und gleichmäßig, ein und aus; es atmet mich." (6x)

5. Herzübung:
„Mein Herz schlägt im Takt; ruhig und regelmäßig." (6x)

6. **Sonnengeflecht:**
„ **Mein Sonnengeflecht ist wohlig warm, angenehm warm."** (6x)

7. **Kopfübung:**
„ **Meine Stirn ist angenehm kühl."** (3x)

<u>Wir beenden die Entspannungsübung mit folgendem Ritual:</u>

1. Hände zu Fäusten ballen.
2. Arme beugen und strecken.

Bitte üben Sie diese Schritte regelmäßig, damit sich eventuell ein langfristiger Erfolg einstellen kann.

Herzlichst Ihre

Clarissa M. Seite

Heilpraktikerin für Psychotherapie

Suchtberaterin

REIKI- Meisterin / Lehrerin

DGH / VFP

Obwohl mein Hinterteil vor lauter sitzen schon brennt und ich irgendwie gar nicht mehr auf diesen Stuhl (Klavierstuhl meiner Mutter – MOM I Love YOU – aber wie hast du beim Klavierspielen so lange drauf sitzen können?) wirklich sitzen kann, wurde mir hier gerade noch was aufgetragen, bevor ich dann eine Pause einlege.

<u>Für eure Kinder (Indigos der neuen Zeit) oder euch selbst folgende Aktivitäten:</u>

Malen / Mandalas
Musik / Singen / Tanzen / Springen / Spielen
Schreiben / Tagebuch / Bücher / Texte / Blocks
Spiele spielen / Kreativität
Lesen / Engelsgeschichten / Fabelwesen / göttliche Lektüren
Natur gehen / Wälder – Wiesen – Wasser – Bache – Flüsse – Meer – Berge / Hügel / Anhöhe

Das sind unsere Lebenselixiere der besonderen Art!

Wir lernen dadurch, wieder mit uns und unsere Seele Kontakt aufzunehmen und zu leben. Dadurch sprechen die höheren Wesen zu uns auf unendliche wertvolle Weiße.
Bring dein inneres zum Ausdruck und lasse die Mitmenschen, die Welt und das Universum an deiner fabelhaften Energie teilhaben.
Lerne deinen Kindern und / oder Mitmenschen zu fühlen, zu schmecken, zu riechen, zu sehen, zu hören und ganz wichtig wieder zum Sinn des SEINS zurück zu finden.

Goldene Regeln

Hierzu möchte ich dir ein paar goldene Regeln (Sieben an der Zahl) für den täglichen Umgang mit deinen Mitmenschen wie folgt an die Hand geben:

- Lächeln Sie in den Tag; lächeln Sie Ihre Mitmenschen an
- Grüßen sie freundlich, begrüßen sie den heutigen Tag aufs Neue (immer wieder).
- Helfen Sie Ihren (älteren) Mitmenschen (ggf. über die Straße – halten sie Türen auf)
- Haben Sie ein offenes Ohr – „Smalltalk"
- Bieten sie Ihre Hilfe an, wenn oder was auch immer ansteht
- Ungerechtigkeiten den „gar aus" machen; keine Ungerechtigkeiten tolerieren
- Strahlen Sie Liebe und Güte aus; reichen Sie die Hand – strecken Sie diese aus und beobachten Sie die Natur (Himmelschau einlegen)

Wir denken oftmals, naja, das mache ich doch sowie so immer …
Bist du dir da sicher, ist das bereits bei dir in „Fleisch und Blut" übergegangen, so ist das wunderbar und du bist schon wirklich ein ganzes Stück weiter als manch Erdenbürger es vielleicht ist und je sein wird!?

Weiß Gott, was Tatsache ist, es ist auch nicht wichtig, was andere über dich oder ich oder wir über uns denken, viel wichtiger ist es das wie: -tun – wirken – sein.

Tu es und tu es gut!

Ein eventueller Leitfaden oder Handbuch kann es nur für euch sein, wenn die Eigenverantwortung und das tun; der Respekt gegeben und gelebt werden.

Bitte beachte dies in deinen wundervollen Dasein; so lang

oder so kurz es auch sein mag
… jeder Tag ist wichtig, jeder
Tag zählt und das Karma richtet
dein Tun aus.

Merke:

Reinige Dich - (Geist)
Richte Dich jeden Tag „neu und positiv" aus - (Gedanken)
Atme tief ein und aus; gleichmäßig - (Körper)

Ja, was auch ganz wichtig einen Hinweis bedarf ist, dass wir als Erdenengel normale Menschen sind, die sich einfach Ihrem Tun bewusst sind und die universelle Energie durch unser kraftvolles und helles Tun strahlt. Die Energie fließt und der Kanal kann all die Energie von oben und unten kraftvoll durch Dich fließen lassen. Du bist der Träger der „universellen Energie" und hast nun die Power voller Kraft zu wirken und durch dein Tun zu SEIN.

Nutze diese Kraft sinnvoll und Gründe Projekte im Sinne der Naturerhaltung & Arterhaltung, strahle Liebe und Frieden aus und sei ein wertvoller:

Lichtträger
Liebesträger
Friedensträger

Lebe deinen Auftrag als Erdenengel auf Erden, egal was und wer du bist; jetzt ist deine Zeit des sinnvollen Wirkens für unsere liebe Mutter Erde, unser Zuhause!

Nur mal so als eine mögliche Idee für Dich / Sie / Uns Allen:

- **Kräutergarten für eigene Tees / Teetime for a special Gast**

- Obst- und Gemüsegarten auf den Dächern der Erde errichten (Wohnung / Haus / Schulen / Kindergärten / Bushaltestellen
- Male dein Umfeld bunt / Straßenbemalung / Wandbemalungen / Fassadenbemalung mit einer besonderen Nachricht / Spruch / Message
„Gott segne Dich"
„Love is the answer"
… always…
"Frieden auf Erden"
"Love & Peace"
„Brot & Wasser für Alle Lebewesen auf Erden"
- Gründe einen Verein in deinem Umfeld über sinnvolle Themen wie:
„Was ist meine Lebensaufgabe"
„Gruppe Sinn & Sein & Super"

„Leben und leben lassen"
„Geben und Nehmen"
„Miteinander gesund und glücklich"
„Sinnvolles Leben und gestallten"
e.V.

- Gründe eine Gemeinde „ Jung & Alt" Gemeinsam glücklich und zufrieden leben
- Fahrgemeinschaften
- Laufgruppen
- Kinder sind für Kinder da ... wir erleben gemeinsam unser Dasein
- Lese- und Spielgruppen zum Thema Delphine – Engel –Elfen – Fabelwesen – Kristalle
- Ernährung – Liebe – Miteinander Zuversichtlich in die Zukunft gehen.
- Gemeinsam sind wir ...

... Stark

... Glücklich
... Friedvoll
... Wertvoll

... and so on ...
more - more - more !!!

"Engel & Helfer"

Ich wurde darauf hingewiesen, dass unsere „Engel und Helfer" zu erwähnen sind, was ich hiermit sehr gerne versuche mit dem richtigen Inhalt und Würde nieder zu schreiben. Wenn du magst, kannst du diese Helfer anrufen!?

Merke:

Du hast in Dir immer den freien Willen!
Der Geist und die Seele sind frei.

Rufe die Erzengel / Engel / heilige Wesen / Meister an indem du Ihre Namen sprichst oder ein Gebet leise oder laut sprichst.

Wie?

Beispiele wie folgt:

Lieber Erzengel Gabriel, helfe mir bei meiner Genesung / Entscheidung / Lebensweg / Lernen und gebe mir die nötige Kraft und Ausdauer. Befreie und reinige mich von negativer Energie und fülle mich mit frischer neuer Energie auf!

Verwirrung / Disharmonie / Strukturverlust Freitag / Wurzelchakra / Rot

Lieber Erzengel Uriel, bringe mir die Ruhe und Gelassenheit; den inneren Frieden und fördere die Brüderlichkeit und Schwesterlichkeit in uns und um uns herum. Löse bitte die geistigen und emotionalen Fesseln und befreie mich von all der Gier dem der Ursprung Angst unterliegt!

Angst / Begierden / Raffsucht / Donnerstag / Solarplexuschakra / Gelb-Gold

Lieber Erzengel Chamuel, ich bitte um Vergebung, helfe auch mir zu vergeben; mein Mitgefühl und die Liebe in meinem Herzen zu entdecken und zu leben. Helfe mir all diese negative Gefühle in positive Emotionen zu verwandeln. Fülle mein Herz mit bedingungsloser Liebe!

Negativum / Hass / Schmerz / Montag / Herzchakra / Grün

Lieber Erzengel Michael, beschütze mich vor dem Bösen; schneide die Bänder / Verstrickungen der Vergangenheit / Jetzt mit deinem mächtigen Schwert durch und befreie mich hier und jetzt. Gebe mir meine Kraft und Macht zurück.

Probleme / Angst / Böse Gedanken / Bedrohung
Dienstag /
Kehlkopfchakra /Blau

Lieber Erzengel Raphael, ich bitte um Konzentration und Wegweisung. Zeige mir den richtigen Weg und lass mich den göttlichen Plan erkennen. Unterstütze mich auf meinem Weg der Heilung / des Lernens / Wohlstand / Reisen / Menschen zu unterstützen / Visionen/ der Hellsichtigkeit!

Dunkelheit / Sackgasse / Druck / Mittwoch / Dritte Auge / Lila

Lieber Erzengel Jophiel, bitte um deine Erleuchtung und da auch ich durch Dich Erleuchtung finden werde. Durch diese Erleuchtung finde ich auch Zugang zu den Lehren der großen Meister und diese zu verstehen. Gib mir die Kraft und die Aufmerksamkeit mich auf das Licht auszurichten. Bitte schenke mir die wahre Erkenntnis!

Engstirnigkeit / Unwissenheit / falscher Stolz / Sonntag/ Scheitelchakra / Violett

Lieber Erzengel Zadkiel, ich bitte dich aus ganzem Herzen, um die wertvolle Reinigung und innere Wandlung. Dein Beistand hilft mir mehr Toleranz und Vergebung in meinem Herzen zu finden und zu leben. Du kannst mir all den Schmerz, alle Härte und negatives Denken von mir nehmen und lösen!

Verstrickung / Enge / niedrige Energie / Samstag / Seelenchakra / Weiß-Grell

Und glaube nicht, dass es dir irgendwie zu viel sein könnte oder ist, was du erbittest an Hilfe.
Nein, auf keinen Fall ist das so, denn die Engel freuen sich, wenn sie uns Menschen hilfreich zur Seite stehen können und dadurch eine positive Macht entsteht.

Auch kannst du nach Herzenslust die Meister / Meisterinnen der vergangenen und jetzigen Zeit anrufen und um Hilfe in der Not und / oder um Unterstützung einer Situation bitten. Bitte tu das zu jeder Zeit mit offenem Herzen und ehrlichen Absichten.
Auch diese aufgestiegenen Meister / Meisterinnen werden Dich gerne unterstützen und dir den Weg aufzeigen.

Unsere Freunde die Tiere / Krafttiere / Token werden uns helfen uns wieder unserer Inneren Kraft und eigentlichem Wesen wieder besser zuwenden zu können.

Der Delphin / Die Eule / Der Wolf / die Schlange / der Rabe ...

Liebe Menschen
Liebe Lichtwesen
Liebe Erdenengel
Liebe Indigos und Liebe Kinder!

Ihr seid die ersehnten

Die Hoffnung

Die Zuversicht

Das Vertrauen

Der Neuanfang

und die unendliche, universelle Liebe des Universums!

Liebend gern möchte ich euch nun meine Lieblingshelfer in Form von „Bücher und Karten" ans Herz legen und Ihr könnt nach „Lust und Laune" bei Bedarf diese selbst für euren täglichen Gebrauch und eurer täglichen Arbeit als Erden-Engel / Earth-Angle zu Rate ziehen und als unterstützendes Werkzeug nutzen.

Hier einige meiner Lieblinge:

Bücher:

Louise Hay / Gesundheit für Körper, Geist und Seele

Herzensweisheiten / Deine innere Stimme u. s. w

Amseln Grün / 50 Engel für das Jahr / 50 Engel für die Seele! u. s. w.

Armin Risi / Machtwechsel auf der Erde und viele mehr / Unsichtbare Welten

Susanne Hühn / Schutzengel

Gondolino / Bücherschatz / Engelgeschichten, die Kinder helfen

Jennie Harding / Chakren u. s. w

Glaser - Vogt / Reiki u. s. w.

Diana Cooper / Engelratgeber

Heidemarie H. Pielmeier / Tarot

Renate Anraths / Tarot – Dem Leben in die Karten schauen

Michaela Fischer / Bewusstseins-Wandel

Dalai Lama / C. Cutler

Jesus / Bibel

El Baba / …

Und zu guter Letzt: noch einige sehr prägende Werke von:

Thorwald Dethlefsen / Erich von Däniken (Cods) / Hajo Banzhaf / Rüdiger Dalke / Tepperwein / Dan Millman (friedvolle Krieger – Nummerologie etc.) Stefanie

Merges (Dreidimensional, Du bist mehr als du denkst) and so on.

Kartensets:

Karten der Selbstheilung / Chuck Spezzano

Körper und Seele / Louise L. Hay

Engel-Karten / Diana Cooper

Der spirituelle Lebensratgebern / Diana Cooper

Atlantis / Diana Cooper

Tarot-Karten / Rider / Miki Krefting ... so fing Alles an vor 25 Jahren

Tarot-Karten / Crowley / Gerd B. Ziegler / Spiegel der Seele!

Kipperkarten / Regula Elisabeth Fiechter

Engelkarten / Pia Schneider – Ruth Kendell

Das kl. Heilsteinlexikon / Angela Gentner – Günter Hohenberger

Kraft-Tier-Orakel / Jeanne Ruland – Murat Karcay`

Maria Magdalena / Jeanne Ruland – Marion Hellwig

Engeltherapieorakel / Doreen Virtue

Seelenapotheke / Hirschi – Troxler

Beziehungskiste / Hirschi – Troxler

Körper & Seele / Louise Hay

<u>Meine Lieblingssteine zum Auflegen – Tragen und Schmeicheln sind:</u>

Amethyst – Turmalin – Citrin – Blautopas – Mondstein – Bergkristall zum Aufladen der Steine / Sonne – Magnesit – Achate aller Art – Jaspis aller Art – Charneol – Türkis – Hämatitt zum Entladen der Steine / Wasser / Engelstein / Drusen aller Art / Amulett - Äskulapstab mit Schlangen ist meine persönliche Lieblingskette als Heilerin.

Ach, wie wunderbar, es gibt so viele reiche Schätze von „Menschen für Menschen; von Engel zu Engel" weitergeben.
Ich liebe es, diese „Hilfswerkzeuge" zu benutzen und mir dadurch immer wieder aufs Neue inspirieren zu lassen.

Einlassen
Aufmachen
Atem
Öffnen
Neues
Rein lassen
Herz ganz weit öffnen und lieben & leben
Nun atme tief ein- und aus, voller Lust und Freude!

Meine Lieben Erdenengel, ich wünsche und hoffe nun, dass ich euch zumindest die eventuelle Richtung – den eventuellen Weg ein bisschen erhellen und aufzeigen konnte!

Unbedingt möchte ich euch auch noch auf euren Weg den Jakobsweg in Spanien (Camino de Santiago) oder auch in anderen Ländern und eventuell bei euch Vorort gibt es auch sogenannte Jakobswege die ich gerne als Meditationsweg oder Pilgerweg ans Herz legen möchte.

Es könnte eine Bereicherung für Euch sein.

Und zu guter letzt …

BITTE!

- **Tagebuch führen und Träume aufschreiben und über die vielen guten Traumdeutungsbücher heraus finden, was die Seele zu euch spricht.**

- **Reflektion in der Gruppe oder in einer Gruppe gleichgesinnter oder Seelenschwestern und Brüdern.**

- **Lesen**

- **Schreiben**

- **Musik**

- **Singen**

- **Tanzen**

- **Theater besuchen oder spielen**

- **Basteln**

- **Malen**

- **Stricken**

- **Schreiben**

- Kommunizieren

- Lachen

- Freude

- Reinigungsrituale ausführen

Und was euch sonst noch so Alles gut tut.

Und denkt daran, jeder ist für sich selbst verantwortlich und führt & lebt automatisch den Heiler/ Helfer-Ehren-kotex mit sich und seinen Mitmenschen. Das versteht sich von selbst!

Was bedeutet - heißt „Kotex":

Wenn ich einen Energieaustausch wünsche, dann entweder auf der Basis von Naturalien oder den handelsüblichen Gepflogenheiten wie in den westlichen Ländern üblich, das Geld!

Eventuelle Gestaltung (Vorschlag) einer Sitzungsgebühr:

Eine Stunde = 30-60 Euro, jedoch nicht länger als bis zu 1,5 Std = 50-80 Euro.

Eine faire Gestaltung der handelsüblichen Gepflogenheiten und ortsüblicher Gegebenheiten und Umstände versteht sich von selbst!

Als Erdenengel handelst du im Namen der „Universellen Energie" und ein **Ausgleich** ist immer **voller Freude und mit Liebe** erwünscht.

Handle und Übe aus nach besten „Wissen und Gewissen"…

Love is a reply – always!

What do you think about it … write me, if you want …

"Love & Light"

Quelle:

Dachverband Geistiges Heilen (DGH)

Du

Du als Mensch

Du als „Erden – Engel"

bestimmst dein Tun ….

- Wie heißt es so schön
- tu es und tu es gut!

Es gibt so vieles, was wir für uns tun können, um ausgeglichen und im richtigen Maß zu sein.

- Wie eine ausgeglichene Waagschale

Auch werden einen <u>viele Entspannungstechniken</u> hierzu angeboten und an tollen Ritualen mangelt es auch nicht wirklich ….

Aber

Was ist für uns wirklich gut, das Richtige?

Für den einen ist es wichtig Yoga zu praktizieren und der andere Schwört förmlich auf Zen-Übungen… oder doch das Buch der Engel von Amseln Grün?

Auch gut, aber ….

Wie wäre es, wenn wir täglich einfach <u>ein paar Kleinigkeiten</u> in unser Leben aufnehmen (eventuell durch das Atmen) und leben wie:

- Liebe
- Frieden
- Ruhe
- Achtsamkeit
- Mit-einander

Dann haben wir schon viel gewonnen finde ich!

Jeder Mensch und werdender „Erden – Engel" kann für sich selbst bestimmen, was gut für ihn und sein tun und wirken so ist.

<u>Wie wäre es mit … einen Anfang wie:</u>

Ich gehe, wenn ich gehe

Ich sitze, wenn ich sitze

Ich spreche, wenn ich spreche

Ich koche, wenn ich koche

Ich schlafe, wenn ich schlafe

Und so weiter …

… ohne Ablenkung – im wieder im „hier und jetzt"

… im vollen „Bewusst –Sein"!!!

Dann hast du, glaube ich, schon mal für Dich und dein „Da – Sein" <u>viel</u> gewonnen…

<u>Eine gute Sache (Ritual), glaube ich, wäre das einfache Beten:</u>

Für mich hat sich das abendliche Beten als gute Sache ergeben … manchmal schwelge ich dann in meinen Absichten… oder bei Bedarf bzw. verlangen je nach Lust und Laune.

- Beten ist eine gute Sache um den Geist zu klären …
- Beten hilft sich klar zu werden
- Beten spendet Trost, Ruhe und Frieden
- Beten zu der hohen geistigen Welt / zu Gott / zu den Meistern oder was auch immer, gibt dir die nötige „Kraft und Stärke" weiter zu machen

Der Glaube an das Gute in dir und der Welt.

<u>Eine gute Sache wären auch weitere Rituale wie:</u>

Für mich hat sich das anzünden einer Kerze gut bewährt weil es….

Wenn die Möglichkeit besteht, dann einen Kamin anzünden oder ein Feuerritual an einem eingerichteten Feuerplatz.

- In dem Licht finde ich einen warmen Lichtspender
- Das Licht gibt nicht nur Wärme sondern auch Gemütlichkeit
- In dem Licht, in das hinein schauen und abtauchen in die Tiefen der Gedanken, da kann man wunderbar „abschalten und träumen"
- In dem Licht können tiefe Gedanken und Ideen sich gestalten und vermehren; Gestalt annehmen und wahr werden
- In dem Licht werden die Dinge klarer und können nun gestaltet werden und ins Herz aufgenommen werden
- In dem Licht werde ich mir bewusst
- In dem Licht finde ich Trost; es erhellt all die Schatten in mir und um mir herum

Eine weitere gute Sache wäre auch die Reinigung mit warmen und kalten

Wasser für den Körper und deiner Seele

- Das warme und klare Wasser hilft mir und dir abzuklären
- Das alte, verbrauchte und aufgelöste zu verabschieden
- Die alte Energie los zu lassen und neue Energie in dir aufzunehmen
- Die Reinigung lässt dich wieder neu strahlen
- Gesund und munter in den Tag zu starten und den Abend ein zu läuten
- Nach jeder Sitzung die Hände mit kaltem und warmen Wasser zu reinigen. Alte Energie raus und neue wieder ins System zu nehmen.

! Ich bin reines, helles und gesundes Licht!

- Gehe gut mit dir um, gönne dir gutes nahrhaftes Essen und sei so ehrlich wie möglich und nötig und arbeite mit reinem Gewissen für die gute Sache.
- Stehe für dich und die Gerechtigkeit ein.
- Öffne dein Herz für das Gute in dir und den anderen Wesen auf Planet Erde.

!Glaube mit vollem Herzen an dein Tun!

- Achte – sei Achtsam
- Respektiere – auch die Andersartigkeit
- Liebe – ohne zu erwarten
- Gebe – im Einklang mit Nehmen
- Lebe – im hier und jetzt

Ich bin glücklich – zufrieden und heil

! Das Universum versorgt mich immer mit „Allem"

…..Ich bin allzeit beschützt; die Engel sind mit mir …

Mein Schutzengel – Meister – Helfer – hohe geistige Welt - stehen mir immer zur Seite…

Ich bin klar, ehrlich und reinen Herzens…

Meine Engel helfen mir dabei…Ich bete täglich für mich und die Welt…

„Liebe & Frieden"

Die Universelle Kraft ist groß – mächtig und voller Liebe und Licht

„Der Weg ist das Ziel" – Konfuzius

Liebe ist…

Kennen wir ja Alle aus der Zeitung; diese kleine Anzeige mit „Liebessprüchen" und den süßen Abbild von Mann und Frau ….

Liebe ist…

Ja, was ist denn das eigentlich … verliebt sein … „ LIEBE.

„ Liebe"

„Die Liebe zu mir … in Liebe … liebevoll – lieblich – allerliebst - lieber nicht"

Ich liebe Dich!?

Wieso – Weshalb…Warum …liebe ich Dich! …. **nicht?**

Und

Ich liebe mich!?

Wie – Wo – Was …. Und warum …. Liebe ich mich! ….**nicht?**

Liebe ist:

Leicht

Kreativ

Wunderbar

Schmetterlinge im Bauch haben

Herzpochen

Überglücklich

- - - - - - -

Schwer

Leer

Druck

Schwindelig

Bauchweh haben ... Mir ist so schlecht

Was ist denn eigentlich das mit der Liebe und wie liebe Ich am besten...

Das ist hier die Frage; ist das die Frage „an sich"....

Liebe Dich Selbst mit all deinen Facetten (Licht und Schattenseiten) und Du kannst jeden lieben so wie er ist ...

Bedingungslose Liebe; ohne Erwartungen an sich und den anderen.

Wie gehe ich mit mir um; bin ich umgänglich und kann ich mich so lassen wie ich bin!

Ich bin **„Achtsam & Respektvoll"** und voller Liebe zu mir Selbst"!

...und somit zu Allen anderen.`` - Polaritätsgesetz – der Anziehung.

„Ich habe mich lieb"

„Ich habe dich lieb"

Ich liebe Dich – mich – die Welt – die Natur – die Tiere – die Pflanzen – die Wälder – das Wasser – die Steine – Die Erde.

WIE?

Das wäre eine wundervolle Möglichkeit sich und anderen Lebewesen liebe zu schenken:

- Ich gehe liebevoll mit mir um und achte auf meine Bedürfnisse
- Ich lebe Respektvolles Miteinander mit mir und um mich herum
- Ich achte die Natur – die Tiere – die Pflanzen – die Erde
- Ich gebe und nehme im Gleichklang; in Maßen
- Ich er-kenne mich selbst an mit all meinen unterschiedlichen Seiten
- Ich genieße in Maßen (Essen – Trinken – körperliche Verlangen im Allgemeinem)

<u>Ich segne</u> die all die Dinge um mich herum und sehe was passiert:

<u>Beispiel:</u> Ich segne das Essen und Trinken mit positiver Energie (Gedanken)

- Ich segne meinen Körper
- Ich segne meine Gesundheit
- Ich segne meine Tätigkeiten
- Ich segne meine Partnerschaft
- Ich segne meine zwischenmenschliche Beziehungen
- Ich segne die Natur / den Baum / die Pflanze / die Nahrung
- Ich segne die Tiere / die Nahrung
- Ich segne die Menschen / die Gesundheit / die Liebe
- Ich segne meine Gedanken
- Ich segne mein Tun

<u>Mögliche Affirmation:</u>

Ich liebe mich so wie ich bin und Alle anderen auch!

Ich öffne meine Arme ganz breit und sage zu mir und der Welt:

„ Ich lasse die Liebe in mein Herz „

„ Ich segne euch mit all meiner Liebe"

„Meine positiven Gedanken erhöhen die Schwingung der Liebe!

„Ich bin – Ich bin"

JETZT!

<u>**Fang gleich mal an auszuprobieren:**</u>

- Atme tief und voller Respekt, die Liebe voller Liebe „ein und aus" …
- Immer wieder; so oft ich daran denke…3x täglich …
- Ich umarme mich liebevoll und umarme die Welt…3x täglich…

Atme tief ein und aus .., im Rhythmus deines Herzen …

Wenn Dir dazu Gedanken kommen, schreibe diese auf … und arbeite an den schweren Gedanken … löse diese auf … Atme Liebe in dein „Herz - Chakra" und ersetze diese durch positive Gedanken, denn Du bist ein „Kind Gottes" und du wirst <u>allzeit geliebt</u>!

Atme tief in dein Herz hinein und werde „weich und weit" … somit werden deine Gedanken <u>weich und weit!</u>

Probiere es jeden Tag mal aus und achte auf deine Gedanken – auf deinen Körper und die verbundene Seele ... was macht es mit Dir?

Schreibe dies ruhig in dein Notizbüchlein und wenn du Lust hast mal was dazu; was dir gerade dazu einfällt.

Spüre die Kraft in dir und fülle all deine Zellen (Visualisiere deinen Körper und dein Innenleben) auf mit der Kraft und dem Licht „Der Liebe".

Fühle und spüre deine Zellen und was der Fluss so mit dir macht.

Liebe als das höchste Gut; voller Achtung – Achtsamkeit – Miteinander – Füreinander in Verantwortung im tun und Sein – dir und den anderen gegenüber!

Herzlichst und voller

„Licht & Liebe"

Meine persönlichen Glaubenssätze … und was sind die deinen?

- Open your heart and let the magic flow
- In your system down and up again … let the love flow
- Can you feel the energy flow, nice and warm.
- Love is the answer … always!
- Love is so powerful; it can save the world with this great power!
- Take your time.
- Atme ruhig und tief ein & aus.
- Breath softly deep in & out.
- When you get warmed up & you feel the silence, then you doing very well with it.
- You are safe
- You're doing just fine.
- You are safe, where ever you will go.
- The way is the end & the start at the same time!
- Der Weg ist das Ziel – Konfuzius.

- Und wenn die Welt untergeht, ich pflanze noch einen Apfelbaum – Charlie Chaplin.
- What can I do, to become a great earth-angle?
  Go on for five minutes and go for your personal goal and write down five ways.
- Every day, I'm willing, to learn a couple new things in my live like:

  - Smiling
  - Laughing
  - Giving away some things
  - Being graceful
  - Loving
  - Sharing

Watching movies like:

  - The little Buddha
  - Die Reise in die nächste Dimension – Clemens Cuba

- Der friedvolle Krieger – Dan Millman
- Heilung
- Secret
- Das Geheimnis der Celestine

Ich gestalte mir eine persönliche Collage mit Bildern von Träumen / Wünschen / Hoffnung / Ziele, die ich gerne verwirklichen will!

<u>Ich lese Bücher mitunter über:</u>

Jesus

Dalai Lama

Gandhi

El Baba

Louise Hay

Engelsgeschichten

Thich Nhat Hanh

Amseln Grün

Es gibt so vieles zu entdecken….

Read – read – read – write – write – write

- Do
- Be
- Share
- Give
- Take
- Believe

Es gibt auch so wunderschöne <u>Motivationskarten oder Kartendecks</u> verschiedener Lehren wie:

- Tarot
- Engel
- Runes
- Motivation
- etc.

Use them and have fun with them!

Go and play and find out …

Three times a day – 3 X am Tag:

Open your arms and let all the love flow into your body and mind.

Öffne deine Arme und lass all die Liebe in deinen Körper und Geist rein fließen.

Breathe deeply for a while …

 Atme tief und lang ein und aus ….

Dreimal!

Meine Favoriten sind:

Tarotkarten # 14 (Im Fluss / Geben und Nehmen im Einklang) und #21 (Die Welt / Tanz / Mit sich im Klang sein)

Rosenquarz – Turmalin – Amethyst – Citrin – Mondstein –Onyx – Blautopas - Hypersthen

<u>Meine Vision:</u>

The whole world stands around Mother Earth and hold they hand „ We are together one"

In Love & Peace!

Neuregulierung von Glaubenssätzen – Handeln – Leben - Sein

Love – Light – Peace – yours Claire

„Selbstbewusstsein"!

– „Selbst – Bewusst – Sein" –

Ich bin mir Selbst Bewusst! – Ich bin ….SEIN, in mir selbst….

Ich bin bewusst im Sein …. Ich lebe bewusst in mir und mit mir in meinem SELBST!

Ich bin mir bewusst, was ich fühle – denke –

Handeln nach meinem Bewusst – Sein!

So wie ich fühlte, so handle ich auch – voll nach meinem „Bewusst – Sein".

Ich weiß ganz bewusst, was ich will…

Ich fühle was ich denke und denke zu fühlen voll und ganz im hier und jetzt – zu SEIN

Ich bin mir dessen bewusst!?

- Durch mein Selbst – Bewusst – Sein weiß ich wer ich bin …
- Ich weiß was ich mir wert bin und bin mir dessen ganz bewusst im SEIN.

- Mein Selbst weiß was es will und ich nehme mich so an wie ich bin.
- Voll & Ganz – hier und jetzt – bewusst in mir selbst im SEIN.
- Ich liebe mich so wie ich bin …mit all meinen Ecken und Kanten … mit all meinem be-

wussten Schatten und lass ganz viel Licht in mir erstrahlen, voller Selbst – Achtung mir und meinem Gefühlen und das ganz Bewusst – Selbst im Sein.

Ich bin Achtsam

Respektvoll

voller Liebe mir Selbst ….

… **Selbstbewusstsein**

Ich achte auf mich und lasse die Kritik an mir selbst und anderen sein, denn ich bin ein Kind Gottes – der universellen Energie!

voller
    „Licht & Liebe"

Und im

  „SELBST – BEWUSST – SEIN"

Vergebung (Zart und voller Achtsamkeit)

Ein Machtvolles Instrument des Herzens.

Wie lebe ich, wie kann ich Vergebung umsetzen und leben.

Was bedeutet das…" Ich vergebe meinen Nächsten und mir selbst"

Ich bitte darum… aber WIE?

- Was mir immer wieder in den Sinn kommt und ich denke auch, gar nicht so leicht umzusetzen ist, ist jemanden zu vergeben weil….

Dieser jemand hat mich…

Verletzt

Kritisiert

Gerügt

Verleumdet

Verlassen

Demütigung

- Auch schleppen wir von „Jahr zu Jahr" all diese" vergangenen Taten" mit uns rum; auch die, die wir selbst begangen haben und uns dafür schuldig fühlen!?

<u>Ist Vergebung wichtig?</u>

<u>Was bringt mir das?</u>

Ich möchte meiner Wut Ausdruck verleihen und den anderen das zurückgeben, was er mir angetan hat bzw. ich gebe mir jeden Tag insgeheim die Schuld für mein tun zurück, indem ich mich schlecht fühle.

Ich denke und glaube, dass „Vergebung" ein <u>wichtiger Baustein</u> unseres

„Da – Sein"

Ist!

Wer vergibt liebt!

- Sich selbst und der Glaube an das Gute wird dadurch genährt und bestärkt! In einem Ausmaß, was oft im ersten Moment nicht spürbar und sichtbar ist und doch sich auf unserer Gemüt und Umfeld auf lange Sicht im Großen bemerkt machen wird!

Wie:

- Wenn ich mir in erster Linie selbst vergebe und automatisch auch all den Anderen mit Ihren Selbstzweifeln und mangelndem Selbstwert (oft steckt das dahinter) vergebe, schaffe ich automatisch mehr und mehr

„Licht & Liebe"

- Für mich und Alle anderen auf dieser Erde.

Vergebung heißt ja nicht selbstverständlich, dass ich toleriere was der andere tut und wie er mit den Dingen umgeht…

NEIN, das tue ich damit nicht!

Ich gebe das Gefühl der Schwere frei!

Ich befreie mich von der Last und der Schuld; der entstandenen Sühne.

Ich befreie mich vom Opferdasein

Ich befreie mich vom Täterdasein

Ich befreie mich von schlechten Meinungen

Ich befreie mich von vergangenem Sein und erschaffe mich und mein Bewusstsein auf ein Neues.

Ich lebe in Liebe und Freiheit!

Nun, wie kann ich diese Vergebung umsetzen und leben.

Das könntest Du tun.

- Atme tief in dein Herzen hinein und schreibe deine verletzten Gefühle und / oder deine Taten auf.
- Atme tief in dein Herzen hinein und breite deine Arme aus und lass die Liebe in dein Herz.

- Lasse den Schmerz der sich nun breit mach einfach freien Lauf.
- Atme tief ein und aus … mehrmals … ein und aus bis dein Herz nicht mehr so bebt.
- Fülle deine Gedanken mit den Worten …
  Ich …. (Name) vergebe mir und (Name des Täter / Opfers) aus ganzem Herzen.
  Es tut mir so unendlich leid, was zwischen uns geschehen ist … und bitte die „universelle Kraft" (Engel – Engelshelfer – aufgestiegene Meister) mich dabei zu unterstützen und mich bei diesen Prozess / Ritual aus ganzen Herzen zu befreien, sodass ich wieder voll und ganz aus der unendlichen Liebe schöpfen kann!
- Ich löse die schwarzen Flecken in mir auf (Symbolisches Reinemachen mit einem Putzlappen / Spachtel wegkratzen / Spray / violette Flamme) indem ich reine mache.

- Ich Atme tief ein (lasse Neues rein) und atme mit langem Atem (altes, verbrauchtes, gelöstes) nun aus.
- Nachdem ich mich befreit fühle (wenn nicht, einfach X-beliebig wiederholen – wird von mal zu mal einfacher und leichter) nehme ich meinen Zettel und begrabe, verbrenne oder entsorge diesen, wie ich es für richtig halte.
- Ein Symbolische zusammenbacken in einem Sack, den ich auf ein Boot lege und den Fluss wegsegeln lasse ist auch gut möglich. Dies kann gedanklich zu jeder Zeit auch durchgeführt werden.
- Ich öffne meine Arme ganz weit und breite sie wie Flügel aus und lasse die Liebe und das Licht in mein Herz hinein „Ich öffne mein Herz für die Liebe". Drei X täglich!

Ich bin „Glücklich und Gesegnet"

Das Leben schenkt mir heute alles, was ich wirklich brauche.

Danke!

Danke so oft du kannst und du dran denkst den Helfern / Engeln / höheren universellen Energie aus dem Herzen zu danken!

Von Mensch zu Mensch

Miteinander – Füreinander – da sein – teilen

Alles ist ein Geben & Nehmen

Lasst uns „für-ein-ander" leben!

Gerade in der heutigen globalen Schnelllebigkeit, fällt es doch sehr schwer sich auf das Wesentliche zu konzentrieren.

Warum das so ist, ist wahrlich einfach zu erklären.

Oft sind wir gefangen in Tagesabläufen voller Termine und rennen von einem Punkt zum anderen um dann am Abend erschöpft auf die Coach zu fallen.

Sozial Networks unter anderem natürlich das Smartphone, was uns schon zum Frühstückstisch begleitet und sowie so, Computer die Anzeigetafeln auf den Bahnsteigs auf den Weg zur Arbeit, tun ihr übriges und können wahre Zeitfresser sein, die einen dabei helfen in voller Ablenkung zu sein.

Abends schnell noch ein bisschen Surfen im Internet und dann ab auf die Coach zum Fernsehen oder was sonst gerade an Notebook und an Tablet greifbar ist.

Warum ist das so mit uns Menschen, die Ihr so in Ablenkung

seid!? Ab vom Wesentlichen!? Weg vom Schuss oder was sonst als so an Miteinander mal wichtiger war.

Die Brettspielabende sind wohl definitiv vorbei ... jede lebende Person im westlichen Kontinent, hat mindestens einen Elektrosauger, ich nenn die mal so (Computer – Iphone – Ipot – Smartphone – Tablet, what ever) pro Zimmer stehen.

Der abendliche Gang zum Gerät wird / wirkt fast schon Tranceartig ... wie ein Zombie ohne jeglichen Sinn und Inhalt.

Immer und Immer wieder – Warum machen wir das ... was macht das für einen Sinn?

Warum? Brauchen wir das ... wirklich!?

Ist das die Zukunft, die wir wollen, die wir miteinander oder sollte ich sagen „neben einander" leben wollen ...

Warum ist das so mit den Menschen!?

Warum rennen wir immer schneller von „A nach B" und sprinten durch das Hamsterrad bis zum eventuellem …?   _**Burnout !?**_

Was bewegt uns dazu …

WARUM tun wir das…

Macht uns das wirklich Spaß …

Ist das <u>wirklich</u> erstrebenswert?

<u>Jetzt kommt's - Achtung Mensch!</u>

Ist das wirklich sinnvoll

SINN???

Warum – wieso – wieso – weshalb – warum… sind wir manchmal soooo …

Erhält das unser Leben … können wir uns als sogenannte „soziale Wesen" davon gut nähren und auf Dauer „glücklich und zufrieden" sein!

Oder ist das Miteinander teilen doch der gesündere und ausgewogenere Weg…

Ich denke, dass wir wieder mehr auf unsere „traditionellen Abende" zurückgreifen könnten.

- Frauenabend (e)
- Männerabend (e)
- Kneipe
- Tanzen
- Kino
- Einfach mal / nur spazieren gehen ...
- Singen
- Karten spielen
- Freunde besuche
- Zum Kaffee einladen
- Basteln –
- Töpfern
- Das wäre doch echt schön...

Und wer damit nichts anfangen kann, zu guter Letzt „der Verein"!

- Datenverein
- Bowlingverein
- Tennisverein
- Saunaverein
- Schwimmverein
- Fußballverein
- Gesangsverein
- Fliegerverein

- Fotoverein

Und was es sonst noch so Alles gibt.
Und wenn das nicht hilft und einen nichts gibt.
Ab zum Singletreff – Daten – und sonstige Unterhaltungskisten.

Sie haben Recht!

Mensch hat nicht immer Lust oder auch die Zeit dies zu tun und für sich umzusetzen…

Zumindest wäre die gute Mischung ein guter Anfang

Einmal die Woche oder zweimal im Monat mal weg von den elektronischen Dingern, von der angeketteten Gewohnheit.

Auf – Auf und raus aus dem Haus und an die frische Luft und Lust auf mehr gewinnen.

Probieren Sie es aus und gewinnen Sie ein Miteinander voller

- Freude
- Lust
- Lachen
- Witz
- Anderen Perspektiven
- Neuen Freunden
- Neues Miteinander

In diesem Sinne

Alles <u>ist</u> Liebe

„Es ist noch kein Meister vom Himmel gefallen"

(außer vielleicht Jesus und andere mächtige Heilige – aufgestiegene Meister !?)

Warum immer dieser Anspruch an sich selbst.

Du musst gut sein oder sogar noch besser als andere …

Warum eigentlich?

Haben wir das schon oft im Kindesalter durch eventuell

Die:

- Eltern
- Großeltern
- Lehrer
- Geschwister
- oder von Freunden gehört ….

Ich bin besser als Du (?)

Du bist besser als Ich (?)

Warum ist das so …

Strebt der Mensch immer weiter nach vorne, nach mehr und mehr …

- Vollkommenheit
- Perfektionismus
- Selbstwert
- Achtung

- Respekt
- Wertschätzung

Was macht „**Mensch**" aus und wie erfahre ich mehr Wert mir gegenüber …

Um das heraus zu finden, wäre es eine Möglichkeit sich das vor Augen zu führen, indem ich mir in einer persönlichen Aus-Zeit ein Blatt Papier nehme und aufschreibe was ich an mir mag und toll finde…

Meine persönlichen Beispiele:

Ich bin gut im

- zuhören
- schreiben
- malen
- lachen, als Clown
- schmusen
- trösten
- shoppen
- faul lenzen

- Serien anschauen

Finde deine eigenen Vorteile / Fähigkeiten / Talente heraus (über dein Umfeld und mit Dir selbst) und schreibe Sie am besten in bunten Farben für Dich auf ein schönes Blatt Papier!

Was mag ich besonders an mir selbst bzw. was mögen andere an mir sehr / wissen es zu schätzen:

Wenn du das in diesem Moment nicht weißt, ganz einfach, fang an deine Mit – Menschen, Freunde und Umfeld zu fragen:

<u>Meine Vorteile / Fähigkeiten / Talente:</u>

<u>SIND:</u>

Gestallte dir eine Liste, was wer wann gesagt hat und lese Sie dir immer wieder vor.

Bewahre diesen Schatz (Liste) in einer Schatzkiste oder Ähnlichem auf.

- Das bist Du in einer besonderen Art und Weise.
- Das kann dir keiner nehmen.
- Das bist Du aus Sicht der anderen.
- Dein Schatz (Innen wie Außen)

Nun, wie ist deine Sicht über Dich ….

Was macht dein „Selbst – Wert", wie gestaltet sich dein „Wert dir Selbst" gegenüber!?

- Groß

- Mittel
- Klein

Wie - Wähle aus…DU bist dran…

Was kann ICH tun, um mein SELBST-WERT so zu gestalten, dass ich mich wohl fühle „ICH" … mich wohl fühle…

Übe jeden Tag ein bisschen … vor dem Spiegel vielleicht – mit dem Hund / Katze / Kindern / Freund (en)

<u>Ich bin:</u>

- **WAS**
- **WIE**
- **WIESO**
- **WER**
- **WARUM**

<u>Beispiele aus meiner Sicht:</u>

Ich bin schön, weil Gott mich so erschuf oder ich mich im Laufe der Lebenszeit so erschaffen habe...

Ich bin talentiert, weil meine Großeltern – Mutter – Vater .... Mir das Talent mitgegeben haben.

Ich bin lustig, weil wir in der Familie immer schon lustig waren.

<u>Was sind deine persönlichen Beispiele:</u>

Was kann ich mir, meinem Körper – Seele – Geist Gutes tun, um durch .... ein besseres .... schöneres ... angenehmes ... zu haben:

- **Körpergefühl**
- **Gedanken**
- **Wohlempfinden**
- Sport
- Lesen
- Zeit

Ich baue mein Selbstwert auf und vor allem schenke ich mir Liebe und

Respekt mir und meinem Körper / Seele / Geist durch pflege und Achtsamkeit

- Weil ich mich liebe
- Weil ich mich wertschätze
- Weil ich achtsam mit mir
- umgehen möchte
- Weil ich mir Selbst „Wert" schenke

Ich mag mich

Ich find mich gut

Ich liebe mich

Ich bin toll, so wie ich bin

Ich bin ein sympathischer Mensch

Ich bin gut so wie ich bin

Ich bin Ich

Ich bin

„Meister und Schüler"

zugleich …

Immer und Immer wieder!

Zeit

Ich habe Zeit ….

Ich habe keine Zeit …

Ich hätte gerne Zeit…

Zeit, was ist das…

Meine Zeit ist abgelaufen…

Hätte ich nur Zeit … 48 Stunden Tag…. Dann…

<u>Viele fragen sich eventuell oft:</u>

- Was bedeutet Zeit

- Was ist Zeit
- Welchen Wert hat Zeit
- Wie gestalte ich meine Zeit
- Wie gehe ich mit Zeit um

<u>Oft höre ich Aussagen wie:</u>

- Zeit ist kostbar
- Zeit ist Geld
- Zeit ist Gold
- Zeit ist Leben
- Zeit ist wertvoll

- Zeit rennt mir davon
- Zeit ist Mangelware
- Zeit ist aufgebraucht
- Zeit ist verloren gegangen
- Zeit ist …um

Was mache ich mit der Zeit

Wie gehe ich mit Zeit um

Wie gestalte ich meine <u>kostbare Zeit sinnvoll</u>

Wenn ich nochmals Zeit hätte ….
dann… würde ich

WAS tun?

- Reisen
- Tanzen
- Musizieren
- Vieles anders machen…

Ich habe mein <u>**ganzes Leben gearbeitet und war erfolgreich(egal was Sie ausgeübt haben)**</u> in meinem Tun und trotzdem vermisse ich …

Was vermissen Sie in Ihrem Leben

Was fällt Ihnen dazu spontan ein

Wie wären Sie gerne wenn…

Was können Sie ändern

Was können Sie anders tun

Wie können Sie hier und jetzt die Dinge positiv ändern

Wie können Sie im Kleinen (erster Schritt) wirken um dann zum eigentlichen Ziel zu erlangen?

Veränderung – Jetzt – Anfange – tue es – beginne – Jetzt – auf ein Neues – gestalte deine Zeit - lasse los – lösen von alten – starren Mustern.

Indem Sie **jetzt** anfangen die Dinge, die Sie stören zu ändern

WIE

Jetzt!

Fangen Sie an

Einen Schritt nach dem anderen

Strukturieren Sie sich NEU

Jetzt!

Sie wollen mehr Zeit ….

Ganz einfach

Nehmen Sie sich Ihre Zeit …

WIE

!Jetzt!

Indem Sie unwichtiges weglassen

Oder besser gesagt, „Altes raus und Neues" rein … aufs <u>Wesentliche konzentriert</u> und <u>reduziert</u> (ZEN)

- Zeit für die Familie / Mann / Frau / Kinder / Verwandtschaft
- Alte Klamotten raus aus dem Schrank / Altes – Überholtes
- Über die Jahre angeeignete Strukturen
- Oberflächliche sogenannte Bekannte (wenn sie nicht gut tun) weglassen
- Überflüssige Möbel raus aus dem Haus / Wohnung / Zimmer

- Bücher die Sie nicht mehr lesen – RAUS
- Kaufen Sie gute Nahrung für den Tag oder maximal für zwei Tage (Weniger Einkaufsstress und mehr Shoppingerlebnis schaffen)
- Hobbys ja aber zu viel ist zu viel ... da kenn ich auch ein paar Kandidaten
- Schaffen Sie Platz und somit Zeit!
- Schaffen sie ein Mittelmaß / Gleichmaß
- Schaffen Sie eine gute Waage zwischen Geben und Nehmen (bei Freunden / Arbeit / Familie / Zeit für sich

Schaffen Sie Platz für „Neues" und geben Sie <u>Raum für kostbare Zeit</u>!!!

Tick – Tack – Tick – Tack

Sie können die Zeit nicht zurück drehen

Verlorene Zeit ist verlorene Zeit

Aber, jeder Tag ein neuer Tag

Beginnen Sie

!JETZT!

<u>Trauer / Schmerz / Verzweiflung</u>

Wenn das Herz müde ist

Wenn das Herz schwer wird

Wenn das Herz unendlich traurig ist

Der tiefe Schmerz der in den Knochen; im Körpersystem sitzt und sich in verschiedener Art und Weiße Ausdruck verschafft ...

WARUM

Was für ein Ereignis ist eingetroffen, dass du so fühlst.

???

- Verlassen worden
- Betrogen worden
- Belogen worden
- Sich belastet – überlastet – überfordert
- Gegenstände kaputt / verloren
- Krankheit!

- Verlust eines geliebten Menschen
- Verlust eines geliebten Wesen

Was bedrückt dich und wie kannst du es mit der Zeit in Ruhe (Prozess) <u>loslassen!</u>

Was heißt loslassen … wachsen –

Transformation?

Manches Mal ist es wichtig, die Dinge einige Zeit anzuschauen, um dadurch Transformation zu erfahren (Wachstum: durch erleben – spüren – lernen – „raus – wachsen" aus Altem / Vergangenem und rein ins Neue (neue Wege))

Erst dann kann ich nach der Zeit des anschauen und dem annehmen der Lage wahrscheinlich loslassen!?

Du persönlich ent-scheidest, wann der Zeitpunkt richtig ist und wie sich die Gegebenheiten ent-wickeln werden.

- Schreib dir nun auf das erste Blatt Papier auf, was dich bedrückt und belastet.

- Auf einem zweiten Blatt Papier schreibst du nun auf, wie du es loslassen kannst und wie viel Zeit (Prozess) DU für deine Trauer und das „Loslassen" benötigst!

- Auf dem dritten Blatt „ent-scheidest" du wie sich die Dinge nun „ent-wickelt" haben und was du persönlich daraus gelernt und mit ins „NEUE" - Gute nehmen kannst.

Lasse Dir Zeit und _fühle_ in dein Herz!

Erst dann

Lass Los

In

Liebe

Ich bin nun heil und gesund

!JETZT!

<u>Übung:</u>

Lege beide Hände auf dein Herz (Herzensraum) und atme mehrmals tief ein ... bis du ganz ruhig geworden bist.

Visualisiere Violettes Licht der Reinigung in deinen Körper – Körperzellen – in die Organe – in deinen Blutkrauslauf und sage innerlich oder auch hörbar…

- Ich bin voller Licht und Liebe
- Ich bin glücklich

- Ich bin gesund und heil

„Von Tag zu Tag geht es mir in jeder Hinsicht besser und besser"!

Übe jeden Morgen, am Abend oder / und auch zwischen drin.

Übung macht den Meister

Ich tue mir jeden Tag damit dadurch ein Stück Gutes!

<u>Weil ich es wert bin</u>

Ich bin wertvoll

Ich bin glücklich-

Gesund

&

Heil

<u>Lieblingszitate – Meine Lieblingszitate und Lieblingsaffirmationen</u>

Der Weg ist das Ziel!

(Mein persönlicher Leitspruch)

[Konfuzius]

Ich weiß, dass ich nichts weiß (Da muss ich immer so lachen und sehe die Zunge rausgestreckt vor mir)

[Albert Einstein]

Laufe nicht der Vergangenheit nach und verliere dich nicht in der Zukunft.

Das Leben ist hier und jetzt!

[Buddha]

Liebe deinen Nächsten wie dich selbst! (Meine Lebensphilosophie)

[Jesus]

Ich gebe euch ein neues Gebot: Liebt einander.
Ihr sollt einander so lieben, wie ich Euch geliebt habe

(Johannes 13,34)

Derjenige von euch, der ohne Sünde ist, (Meiner MOM ihr Lieblingsspruch)
soll als erster einen Stein auf sie werfen.

(Johannes 8,7)

Von guten Mächten wunderbar geborgen, erwarten wir getrost, was kommen mag.

Gott ist mit uns am Abend und am Morgen und ganz gewiss an jeden neuen Tag.

[Dietrich Bonhoeffer]

!Dietrich Bonhoeffer ist mein großes Vorbild und ich bin immer sehr gerührt, wenn ich diese Worte schreibe und fühle

Man muss durch die Nacht wandern, wenn man die Morgenröte sehen will.

[Khalil Gibran]

Der Planet braucht keine erfolgreichen Menschen mehr. Der Planet braucht dringend Friedensstifter – Heiler – Erneuerer – Geschichtenerzähler und Liebende Aller Art.

[Dalai Lama]

Mein spirituelles Vorbild – my holy friend.

Das Leben aller Lebewesen, seien sie nun Menschen, Tiere oder andere, ist kostbar, und alle haben dasselbe Recht, glücklich zu sein. Alles, was unseren Planeten bevölkert, die Vögel und die wilden Tiere sind unsere Gefährten. Sie sind Teil unserer Welt, wir teilen sie mit ihnen.

[Dalai Lama]

Wir erschrecken über unsere eigenen Sünden, wenn wir sie an anderen erblicken.
[Johann Wolfgang von Goethe]

Farblehre von Johann Wolfgang von Goethe

Alles, was du sehen kannst, hat seine Wurzeln in der Unsichtbaren Welt.
Es mögen sich die Formen ändern, das Wesen bleibt dasselbe.
[Rumi, Das Lied der Liebe]

Das kostbare Vermächtnis eines Menschen ist die Spur, die seine Liebe in unseren Herzen zurückgelassen hat!

[Vinzens Erath]

Ich breite meine Arme aus und sende

„Licht & Liebe"

zur Mutter Erde und ins unendliche Universum hinaus – Jetzt!

Jeden Tag aufs Neue …jeder Tag ist ein neuer Tag!

Tue es und tue es gut; jeden Tag aufs Neue!

Ich bin bereit für's NEUE

Love is the way - always!

Lieblingsaffirmationen:

Ich bin glücklich – gesund und heil

Ich bin Erfolg -Reich

Ich bin vollkommen gesund

Ich bin …

Das Universum überschüttet mich mit Reichtümern jeglicher Art

[Louise Hay]

Alles ist gut angelegt in meiner Welt; Alles ist gut!

Ich bin „Liebe"

Ich bin … - was bist du nun ein…

„Erden-Engel"

Ich füll mich jeden Tag mit Liebe und Licht; mit einen einzigen Atemzug! Jetzt!

(tief Luft holen und in sich aufnehmen in alle Körperzellen – Blutkreislauf - Organe)

[Clarissa M. Seite]

Wir sind voller Liebe und die Gerechtigkeit ist mit uns!

<u>**Mögen dich die Engel begleiten mit all Ihrer:**</u>

Achtsamkeit - Respekt – Fürsorge

Licht & Liebe

Aus

Ganzem

Herzen

Inhaltsverzeichnis

1. Wie werde ich ein Erden-Engel
2. DU
3. Liebe ist
4. Meine persönlichen Glaubenssätze
5. Resonanzgesetz
6. Selbstbewusstsein
7. Vergebung
8. Von Mensch zu Mensch
9. Es ist noch kein Meister vom Himmel gefallen
10. Zeit
11. Trauer
12. Lieblingszitate /
13. Lieblingsaffirmationen
14. Profil: Clarissa M. Seite

Impressum

Personendaten

- Vorname Clarissa M.
- Nachname Seite
- Firmennamen Praxis für Psychotherapie - mediale psychologische Lebensberatung
- Geburtstag 19. August 1969
- Sternzeichen Löwe
- Geschlecht Weiblich
- Familienstand Verheiratet

Kontaktdaten

- Strasse Winibaldstr. 14
- PLZ 82515
- Ort Wolfratshausen
- Land Deutschland
- Webseite http://www.theralupa.de /
  www.heil-verzeichnis.de

Persönliches

Über mich:

Clarissa M. Seite

Praxis für Psychotherapie [beschränkt auf dem Gebiet der Psychotherapie HPG]

Mediale & Psychologische Lebens – Beratung

Psychologische Beratung und Kartenlegungen auf Wunsch auch am Telefon!

Erstkontakt: 01525 - 654 99 30

www.theralupa.de

www.heil-verzeichnis.de

BLOG:
CLARISSASEITE.TUMBLR.COM

REIKI – Meisterin / Lehrerin

Suchtberaterin

Mädchenname: Zickler

Geboren am: 19.08.1969 / Bad Neustadt a. d. Saale

Schulbildung:

Qualifizierenden Hauptschulabschluss – High - School in Louisiana - Realschulabschluss - Universität Tech in Louisiana / Ein Semester in Mathe - Geschichte und Englisch

Lehrberufe:

Verkäuferin - Einzelhandelskauffrau - Versicherungsfachfrau - Heilpraktikerin für Psychotherapie - Suchtberaterin - Reikimeisterin / Lehrerin

Aufgewachsen in Speichersdorf bei Bayreuth bis zum 18 Lebensjahr

Nach Heirat in die U.S.A / Louisiana bis zum 21 Lebensjahr

Zurück nach Deutschland / Bayreuth für ein Jahr - München vier Jahre –

Bayreuth 16 Jahre - und schließlich wieder nach München / Wolfratshausen bis jetzt.

Mein spiritueller Weg

... hat mit den Engel begonnen, die ich schon seit meiner Kindheit sehr bewundert habe und meine Oma mütterlicher Seite hat immer sehr viel zu den Engel gebetet, dass fand ich für mich sehr prägend.

Die Engel, meine tiefe Freundschaft - Verbundenheit und Liebe!

Die Engelsbilder von meiner Oma und meinem Opa hängen heute nun neben vielen anderen Engeln im Wohnzimmer und meiner Wohnung verteilt.

Als ich mir 1992 mein erstes Kartenset / Tarot von Miki Krefting aus München kaufte ging es mit vielen Stunden - Nächten um die Ohren schlagen und Beratungen für Freunde los in Richtung Spiritueller - Medialer und guter Intuition ans Eingemachte!

Mehr und mehr interessierte ich mich für diese umfangreichen Themen wie den Glauben an Gott den Engeln - Glaubensrichtungen der Welt - Interpretationen des Tarots in verschiedenen Auslegungen und Ausführungen von White Raider zu Crowley, der Nummerologie (Dan Millman) der Traumdeutung (C. Jung) Kastl – Kant – Frankl – Freud und vieles mehr dazu.

Kartensets wie Selbstheilung von Chuck Spezzano - Göttinenzyklus - Engel von Diana Cooper - Doreen Virtue - Krafttiere - Spirituelles Geldbewusstsein und und und runden mein Profil ab.

Kinesiologie und TCM-Medizin - Kräuterkunde - Homöopathie und die universelle Energie; erst durch die drei Reikigrade und dem Lehrer wurden diese intensiv in meinem Leben seit der Geburt meines Sohnes Frank 1997 integriert und schließlich auch privat an mir und meiner Familie - Freundeskreis und interessierten Menschen praktiziert!

2008 kam dann, nach Jahrzehnten an "üben und lernen" im Spirituellen Bereich der Beginn mit der Ausbildung zum Heilpraktikerin zur Psychotherapeutin (Gesprächstherapie nach Rogers - Psychoanalyse nach Freud) und last but least

2009 die Ausbildung zur Suchtberaterin,

2010 die Gründung der Praxis für Privatklienten und psychologische - mediale Lebensberatung am Telefon!

2014 schrieb ich mein erstes Skript "Wie werde ich ein Erdenengel"

2015

Blog:
ClarissaSeite.Tumbler.Com

2015

Buch und ebook

publiziert   über BoD

Seit 25 Jahren; seit Beginn meines ersten Kartendecks im Tarot kamen viele andere Kartendecks dazu und durch das tägliche ausüben und studieren von Fachliteratur in unterschiedlichen Bereichen hinsichtlich meiner medialen Fähigkeiten wird es immer mehr und das „Tun" immer intensiver und klarer in der Ausübung!

Üben – Üben – Üben

Lernen – Lernen – Lernen

Sein – Werden – Sein

<u>Vereinszugehörigkeit wie:</u>

Dachverband Geistiges Heilen

(DGH)

Verband freier Psychotherapeuten, Heilpraktiker für Psychotherapie und Psychologischer Berater e.V.

(VFP)

Mein Leitmotiv ist:

Lehrer und Schüler zugleich ;-)
Immer und immer wieder ... auf dem Weg der sog. Meisterschaft (TOD) um wieder und Neu Wiedergeboren zu werden.

Anbieter-Impressum

Umsatzsteuer-ID-Nr 82 096 358 479

Handelsregister-Nr. / Steuer-Nr. / ggfls. Geschäftsführer

Praxis - Clarissa Mathilda Seite - Heilpraktikerin für Psychotherapie[HPG] - WOR

Steuernummer – Finanzamt Wolfratshausen – 169/258/90344 – **IdNr. 82 096 358 479**

Bankverbindung – Sparda Bank Nürnberg – BLZ 760 90 500 – Kontonummer 442 50 59

[Gemäß § 4 Nr. 14 Buchst. a UStG sind Heilbehandlungen im Bereich der Humanmedizin umsatzsteuerfrei. Dazu zählen auch die Leistungen der Heilpraktiker].

Ich wünsche Dir lieber Leser, eine wohltuende Öffnung zu Dir und zu deiner liebevollen Natur als

„Erden-Engel"

In diesen schnelllebigen Zeiten der Jagd nach Anerkennung – Profit und Erfolgsstreben kann dies eine neue Qualität an Erleben und einer eventuellen Konzentrierung aufs Wesentliche und zukünftiger „Entschleunigung" bewirken!

Ich wünsche von Herzen Alles erdenkliche Gute!

Ein Dankeschön an:

Meine Eltern; einzigartig in Ihrer Art

Meine Geschwister, die mich in meinem Dasein begleitet und geformt haben

I LOVE YOU ALL!

Meine langjährigen Freundinnen:

Anette / Hausen- Bayerische Rhön

Bea / Hagen - Schweiz

Gitti / Bayreuth - Bayern

Meinen lieben Sohn Frank, der mir oft den Spiegel vor Augen hält! ;-)

Buchcover gestaltet von Frank am Gardasee / Limone im Juni 2015 fotografiert.

LOVE YOU SO MUCH!

Jonas & Willi, die mir meine persönlichen Grenzen immer wieder aufzeigen. ;-) LOVE YOU!

Dieses Büchlein dient als ein kleiner Wegbegleiter „täglicher Inspiration" und als Möglichkeit einer neuen Sichtweise in der Lebensführung.

Es ersetzt weder den Rat durch einen Arzt deiner Wahl, noch dient es als Ersatz für medizinische Behandlungen von physischen und psychischen Erkrankungen aller Art!

Wenn Sie Schwanger sind oder sich krank fühlen oder krank sind, konsultieren Sie immer zuerst einen Arzt Ihrer Wahl!

Und denk bitte dran …

Du trägst die Verantwortung für Dich und dein Leben!

Haftungsausschluss: Autor & Verlag

„Der Weg ist das Ziel" - Konfuzius

Allzeit!

Liebe & Licht

Ich bin

Glücklich

Gesund

&

Heil

…

Reich

Schön

Schlank

u. s. w

Quelle: Louise L. Hay

Und zu guter Letzt:

Die Liebe ist die höchste Kraft im Universum.

Diese höchste Form der Schwingungs- und Energieebene wurde uns durch die All – Macht geschenkt.

Liebe ist die Antwort auf all deine Fragen …

Öffne dein Herz und lass diese Kraft in dir hinein und lebe diese wundervolle Energie!

Hier & Jetzt

„Love & Light"

Claire

Persönliche Notizen:

Persönliche Notizen:

- Liebe ist die Antwort!
- Viel Spass – Freude – Spiel!

Herstellung und Verlag:
BoD - Books on Demand, Norderstedt
ISBN 978-3-7386-0995-0